AF590115

DISCOURS

PRONONCÉ EN

L'EGLISE DE SAINT-ÉTIENNE-DU-CENTRE, SAINT-PIERRE (MARTINIQUE)

LE 31 JANVIER 1883

A L'OCCASION DE LA

FÊTE PATRONYMIQUE DE Mgr JULIEN CARMÉNÉ

ÉVÊQUE DE LA MARTINIQUE

ET DE LA

CONSÉCRATION DE L'ÉGLISE

Par M. l'abbé Z. GOSSE, vicaire général.

Se vend **1 franc** au profit de l'Œuvre de l'Asile de Bethléem

PARIS

LIBRAIRIE CATHOLIQUE INTERNATIONALE DE L'ŒUVRE DE SAINT-PAUL

6, rue Cassette, 6

1883

DISCOURS

A L'OCCASION DE LA

FÊTE PATRONYMIQUE DE MGR J. CARMÉNÉ

ET DE LA CONSÉCRATION DE L'ÉGLISE

DISCOURS

PRONONCÉ EN

L'ÉGLISE DE SAINT-ÉTIENNE-DU-CENTRE, SAINT-PIERRE (MARTINIQUE)

LE 31 JANVIER 1883

A L'OCCASION DE LA

FÊTE PATRONYMIQUE DE MGR JULIEN CARMÉNÉ

ÉVÊQUE DE LA MARTINIQUE

ET DE LA

CONSÉCRATION DE L'ÉGLISE

Par M. l'abbé Z. GOSSE, vicaire général.

Se vend **1 franc** au profit de l'Œuvre de l'Asile de Bethléem

PARIS

LIBRAIRIE CATHOLIQUE INTERNATIONALE DE L'ŒUVRE DE SAINT-PAUL

6, rue Cassette, 6

1883

DISCOURS

A L'OCCASION DE LA

FÊTE PATRONYMIQUE DE MGR J. CARMÉNÉ

ET DE LA CONSÉCRATION DE L'ÉGLISE

> *Soli Deo Salvatori nostro gloria et magnificentia, imperium et potestas.*
>
> A Dieu seul notre Sauveur la gloire, la puissance et l'empire.
>
> (En l'épître de S. Jude, v. 25.)

MONSEIGNEUR,

MES FRÈRES,

Les prophètes avaient dit, en parlant du Christ : « Il possédera l'autorité souveraine ; les âges futurs le salueront comme leur père ; il sera le roi des hommes et des peuples. » *Vocabitur nomen ejus pater futuri sæculi, princeps...* (Isaïe, IX.) *Dabo tibi gentes hæreditatem tuam.* (Ps. II.) Ces visions prophétiques sont devenues, il y a dix-huit siècles, une réalité incontestable. « Ce Jésus, que vous avez traité comme le dernier des malfaiteurs, s'écriait saint

Pierre en face des Juifs, a été établi par Dieu, maître, seigneur et souverain. » *Certissime sciat omnis domus Israël quia et Dominum eum et Christum fecit Deus hunc Jesum quem vos crucifixistis.* (Act. des Ap., ch. II, v. 6.) Saint Paul, proclamant ce même fait au milieu des peuples païens, disait à son tour : « Jésus ressuscité a été placé à la droite de Dieu ; du haut de ce trône céleste, il règne sur la création humaine et angélique. » *Suscitans illum a mortuis et constituens ad dexteram suam in cœlestibus supra omnem principatum et potestatem.* (Aux Ephésiens, ch. I, v. 2.)

A Jésus donc, d'après nos saintes Ecritures, appartient l'empire sur l'humanité; à lui la domination souveraine sur les êtres individuels qui, depuis le plus obscur jusqu'au plus illustre, n'auront le salut que s'ils fléchissent le genou devant le signe de sa puissance, sur les sociétés qui seront dans ses mains les instruments de son action rédemptrice et se condamneraient fatalement à disparaître le jour où, au lieu de rester moyen, elles se dresseraient contre sa personne en obstacle hostile; à Jésus une puissance suprême, qui ne se laisse circonscrire ni par les intérêts mobiles du temps, ni par les frontières des peuples, mais, vaste et universelle comme le bien, la vérité et la justice, s'étend au-dessus du Grec, du Scythe et du barbare, au-dessus des îles et des continents, pour diriger et entraîner l'homme et le monde vers le surnaturel, l'éternel et le divin.

Mes Frères, en cette auguste solennité consacrée au souvenir d'un apôtre du Christ et à la joie populaire de la réédification d'un temple sacré, je me propose d'examiner avec vous comment s'établit et par quel signe principal se manifeste cet empire universel et spirituel du Christ.

Auparavant, saluons la très sainte Vierge, vénérée par un culte spécial dans cette église; saluons la reine de l'apostolat, la protectrice du clergé, l'inspiratrice des œuvres saintes pour la gloire de son fils. *Ave, Maria.*

I

Quæ a Deo, ordinata sunt, a dit saint Paul : ce qui provient de Dieu se fait et s'exécute avec ordre. Or, selon la doctrine de saint Thomas, la loi générale divinement instituée, quant au surnaturel, est que les pensées du Seigneur, ses volontés adorables, les dons de sa bonté infinie ne parviennent point directement à tous les êtres intellectuels et raisonnables, mais soient d'abord communiqués à quelques-uns, aux supérieurs, puis transmis par ceux-ci à tous les inférieurs : *Hæc est lex divinitus instituta ut a Deo immediate superioribus revelentur, quibus mediantibus deferantur ad inferiores — ut Dei dona et secreta sapientiæ ipsius non æqualiter ad omnes, sed ad quosdam perveniant ut per eos ad alios deriventur.*

Il n'était donc point dans l'ordre que Notre-Seigneur parcourût lui-même les diverses régions de la terre pour annoncer la nouvelle du salut à chaque peuple et à chaque ville en particulier, ainsi qu'il l'avait fait en Judée; il n'était point dans l'ordre que le Christ ressuscité demeurât visible au milieu des hommes pour maintenir sur eux son empire, par une action personnelle, jusqu'à la consommation des siècles. Ce devait être la mission de quelques-uns, d'hommes d'élite, établis supérieurs sur leurs semblables par la décision de l'arbitre suprême : *Ut ad quosdam perveniant, ut superioribus revelentur*, dépositaires désignés et connus des volontés révélées, délégués ministériels du Christ pour porter son nom devant les princes, les rois et les foules, pour propager son règne et le rendre impérissable.

Ces quelques hommes, ces hommes supérieurs, ces hommes d'élite, l'humanité chrétienne les connaît, les vénère et les glorifie : ce furent les douze apôtres, choisis par Notre-Seigneur lui-même, à qui il dit : « Allez, enseignez toutes les nations; ne craignez pas; j'ai vaincu le monde ; aucune puissance, ni humaine, ni infernale, ne prévaudra contre vous » ; ce furent leurs premiers auxiliaires et coopérateurs, cette phalange sainte d'hommes apostoliques, marchant sur les traces des apôtres, s'arrêtant et se fixant chacun sur un point déterminé de ce vaste monde, qu'il fallait, pour le conquérir au Christ, disputer pied à pied au Paganisme, à son influence, à ses institutions, à ses prêtres et à ses idoles.

Quam pulchri sunt pedes evangelizantium bona! Quel spectacle admirable que cette marche civilisatrice à travers le monde païen, des apôtres de Jésus-Christ; la terre qui gémissait, souillée et profanée, ne dut-elle pas frémir de joie sous leurs pas libérateurs !

Le sol des Gaules en particulier, — ce sol où devait naître, quelques siècles plus tard, sur un champ de bataille et dans la splendeur de la victoire, la nation, fille aînée de l'Eglise et instrument de la

Providence pour le règne social du Christ — parut dès lors singulièrement privilégié du ciel. Sur les rivages de ce pays faisant face à Rome et à l'Italie, je vois l'ami personnel de Jésus-Christ, celui en faveur duquel il a fait le plus éclatant de ses miracles, Lazare, le ressuscité, évêque de Marseille, avec Marthe, Marie-Madeleine, et ses glorieux compagnons d'apostolat, Maxime, à Aix, Trophime, à Arles, Paul à Narbonne ; — au Centre, saint Denis, membre de la première des assemblées du monde lettré et savant, Denys l'Aréopagite arrose de son sang fécond la montagne où s'élèvera, dans des jours critiques, en l'honneur du Cœur de son Maître, le monument de la réparation et du salut ; — dans d'autres régions, là où s'est réfugié le culte druidique, dernier et aimé vestige de l'indépendance gauloise, chez les Cénomans, apparaît saint Julien, envoyé à cette populeuse tribu par la volonté expresse du premier Pape : *A Petro apostolo missus Cœnomanum venit.* (Office de saint Julien.)

Saint Pierre, qui l'avait sans doute converti dans la maison même de César, avait su apprécier sa grande âme, son cœur plus grand encore, capable, sous le feu de l'amour divin, d'un héroïsme pacifique qui surpassera l'héroïsme guerrier de ses ancêtres. — Julien, *Romanus generositate clarissimus,* appartenait en effet à une famille patricienne dont l'origine se confondait avec celle des fondateurs de Rome, dont le nom était devenu éclatant dans la personne du conquérant des Gaules, de l'Espagne et de l'Asie, dont la gloire resplendissait incomparable depuis que le fils adoptif de Jules César avait revêtu la pourpre impériale. Là donc où son illustre et glorieux ancêtre avait paru précédé de la terreur, accompagné des légions romaines, tenant dans ses mains ce glaive redoutable qui n'en tomba qu'une fois, il vient dans l'humilité, la mansuétude et la paix ; il s'annonce lui aussi en conquérant, mais pour effectuer sa conquête il n'a d'autre bouclier que la foi, d'autre arme que la parole évangélique, d'autre escorte que la vertu, la charité et la protection céleste.

Doué d'une éloquence digne du siècle d'Auguste, *lingua facundus,* il prêche la vanité des idoles et la magnificence de la doctrine chrétienne. Il répand sur les faibles et les malades les effusions de son merveilleux dévouement. Il invoque le nom du Christ et les prodiges éclatent : c'est une source vive qui jaillit abondante, au choc de son bâton d'apôtre, pour calmer les douleurs cuisantes de la multitude ; c'est un aveugle à qui il rend la vue en présence du Défenseur de la cité ; c'est le fils tendrement aimé de l'un des plus considérables personnages, frappé par une mort cruelle, qu'il remet florissant de santé à son père et à sa famille, au milieu de la stupéfaction universelle. (Office de saint Julien.)

Par ses prodiges, sa charité, ses prédications, l'apôtre triomphe enfin : en un seul jour, plus de vingt mille Cénomans renoncent au Paganisme ; dans une autre circonstance, le chef de la tribu, avec ses plus vaillants guerriers, courbe son front sous la main du Pontife pour recevoir l'empreinte régénératrice. La lumière se fait, partout les idoles sont renversées, des temples s'élèvent et parmi eux une basilique aux vastes proportions que les siècles suivants achèveront. Durant plus de quarante années se continue ainsi dans la diffusion des vérités révélées, des maximes de la morale chrétienne, de la bienfaisance et de la paix sociale, ce splendide apostolat qui a fondé à jamais dans cette partie de la Gaule le règne de Jésus-Christ, la religion catholique et avec elle la civilisation.

O civilisation moderne, ne sois pas ingrate; n'oublie pas l'histoire : tu es l'œuvre des envoyés du Christ; tes racines plongent dans leur apostolat; ils sont, dans la personne de leurs continuateurs, contre l'anarchie et la révolution, tes nécessaires et inébranlables soutiens : *Superœdificati super fundamentum apostolorum.*

Bienheureux confesseur de la foi, saint Julien, vous êtes le patron et le protecteur de notre pontife; — par ce fait seul, vous êtes le nôtre. De même, dit saint Denis, que la hiérarchie universelle se termine et se concentre dans le Christ Jésus; de même l'ordre hiérarchique d'un diocèse, c'est-à-dire clergé et fidèles, se personnifie dans son hiérarque spécial, dans son évêque. Vous devez savoir, disait saint Cyprien, que celui qui n'est pas avec l'évêque n'est pas dans l'Eglise, car l'Eglise est dans la personne de l'évêque. — Protégez donc le peuple de la Martinique afin qu'il se tienne stable et ferme dans l'admirable lumière de l'Evangile; protégez son clergé (1) afin qu'il soit toujours l'exemplaire vivant des vertus humaines sociales et sacerdotales; protégez de plus en plus notre

(1) Le clergé de la colonie, presque dans sa totalité, assistait à la cérémonie.

père et pontife que vous abritez depuis son baptême sous votre patronat céleste.

Monseigneur, saint Augustin écrivant à l'un de ses vénérables collègues lui disait : « Parmi les charges publiques qui peuvent incomber à un homme, je n'en connais aucune de plus difficile, de plus laborieuse, de plus périlleuse que la charge épiscopale, *nihil in hac vita difficilius, laboriosius, periculosius*, et il ajoutait... surtout à l'époque actuelle, *et in hoc tempore.* »

Vous ne me désapprouverez point de citer en ce jour de fête ce texte peu consolant : les labeurs toujours pénibles, sous ce ciel de feu, les difficultés locales presque inextricables, les dangers pour la cause du bien, ne sont point pour vous des choses inconnues ; entre l'époque troublée où vivait saint Augustin, époque de lutte sacrilège contre ce qu'il y a de plus divin dans la religion, d'animosités rivales entre les races diverses habitant l'Afrique romaine, de désordre des mœurs, et la nôtre, et les circonstances de l'heure présente, quelle saisissante similitude !!! (Voir dans Rohrbacher le tableau de l'Eglise d'Afrique à la mort de saint Augustin.)

Mais ce texte a une dernière partie que réclame de moi le cœur des fidèles qui m'entendent : « *Sed nihil beatius, si eo modo militetur quo imperator noster Jesus* : mais il n'est rien de plus méritoire, de plus parfait et de plus heureux, pourvu que l'on sache se tenir et combattre comme Jésus-Christ lui-même. »

Or, que vous proposez-vous chaque jour devant Dieu, sinon l'accomplissement de ce que saint Thomas appelle l'essence et la fin de l'œuvre épiscopale : servir Dieu etles âmes? Quel est celui, parmi ceux qui savent apprécier sainement les choses, qui n'a rendu justice à votre sage prudence, à votre mansuétude, à ce courage de la patience et de la longanimité, le premier et le plus utile courage ? Toutes les paroisses de la colonie vous ont entendu tour à tour leur évangéliser, de la voix et de l'exemple, la paix, la concorde et la bienveillance des rapports mutuels. Le clergé a entre les mains le témoignage de votre prévoyante sollicitude (1), et le diocèse, grâce à votre austère abnégation, respire joyeux, délivré de lourdes et inquiétantes responsabilités. Qu'il me soit permis de le proclamer : vous soutenez et dirigez le bon combat, selon le cœur de Dieu ; aussi, c'est à la fois et une réalité et un vœu plein de confiance que je formule en redisant au nom du clergé et des fidèles : *Nihil beatius*... que votre vie s'écoule heureuse durant de longues années au milieu d'une population où vous tenez saintement la place de l'invisible et éternel Pontife !

II

A une autorité quelconque, il faut un centre d'où elle rayonne : à un dominateur et maître, il faut un lieu spécial où il réside, où sa voix se fasse entendre, où sa puissance et sa bonté se manifestent à son peuple.

Ce lieu pour Notre-Seigneur, c'est l'autel où il vient chaque jour, sous des voiles mystérieux, continuer

(1) Adhésion à la caisse de secours et de retraite, établie par Mgr Carméné.

l'œuvre de la Rédemption ; c'est le sanctuaire où se tiennent ses ministres pour agir par sa vertu et répandre en son nom la parole lumineuse qui convertit les âmes ; c'est l'enceinte sacrée où se réunissent, confondus dans une fraternelle charité pour proclamer ses droits souverains et reconnaître sa bonté, ceux qui sont prédestinés à la vie éternelle ; le temple, en un mot, voilà le signe et le moyen matériel du règne actuel de Jésus-Christ sur les âmes et sur les cœurs.

Aussi, lorsqu'après une lutte de trois siècles, les martyrs succédant aux martyrs, le Christ, qui avait fait briller dans les cieux au regard de Constantin son royal étendard, fut enfin acclamé à Rome même, roi des peuples et des sociétés, ne vit-on pas aussitôt se produire un prodigieux mouvement d'érection d'oratoires, de sanctuaires, de temples et de basiliques? Ce sont des mains impériales qui creusent elles-mêmes, en présence de tout le peuple, sur la colline du Latran, les fondations de la basilique mère et maîtresse de la catholicité ; et bientôt chacune des sept collines a son sommet glorifié par un autel en l'honneur du Christ triomphant. Durant les siècles où ce règne du Christ a son florissant épanouissement, quel spectacle admirable ! toutes les forces vivantes et matérielles de l'humanité, le génie et l'art, les princes, les puissants et le peuple, unis dans une pensée commune de foi et d'amour, font surgir du sol, en Italie, en Allemagne, en France, en Angleterre, ces créations architecturales inconnues aux âges précédents, ces monuments vastes comme la pensée chrétienne, profonds comme ses affections généreuses, sublimes et s'élançant vers le ciel comme ses aspirations et ses espérances, ces monuments qui demeurent aujourd'hui comme l'affirmation perpétuelle de la souveraineté du Sauveur, dont la vue, dont l'ombre seule fait sentir à l'impiété, quelle que soit son audace, sa radicale impuissance.

Les lieux où s'élèvent les temples sont choisis par les hommes ; mais souvent la main de l'homme est dirigée à son insu par une main supérieure et invisible. Au jour final de la dédicace du temple de Salomon, le Seigneur révélant sa direction jusqu'alors cachée ne dit-il pas : « C'est bien là le lieu que j'avais choisi : *Elegi et sanctificavi locum istum ?*

N'y a-t-il pas eu pour ce lieu sacré comme une élection lointaine ?

C'était aux premiers temps de la colonisation. Déjà sur la cité naissante de Saint-Pierre, à ses deux extrémités, là où flottait le drapeau de la patrie, là où s'opéraient ses premières transactions commerciales, paraissait le signe de Jésus-Christ roi reconnu de la France et de toutes les terres que la France s'annexait par delà les mers ; déjà les fils de saint Ignace et de saint Dominique, ces intrépides missionnaires de l'Asie et de l'Amérique, étaient à l'œuvre, pour implanter à jamais ici, sur ce sol que le labeur européen enlevait au sauvage abandon du caraïbe, le règne de Jésus-Christ.

Il est, vous ne l'ignorez pas, dans l'Eglise de Dieu, une institution éminemment utile à l'affermissement de ce règne : la prière perpétuelle, le sacrifice et l'immolation totale que font des âmes pures et virginales, pour le monde et au milieu du monde, mais séparées de lui par des barrières infranchissables. — Cet insigne bienfait est annoncé à la nouvelle colonie et ce fut le lieu où nous sommes, donné à la religion, sous une inspiration généreuse, par une femme dont l'histoire a conservé le nom, qui devint la possession et la demeure des épouses du Christ (1).

Durant plus d'un siècle et demi, la voix virginale de la prière qui sauve, de l'immolation qui expie pour les crimes des frères coupables, monta de ce lieu comme un pur encens vers le trône de l'Agneau. Le bruit des formidables tempêtes de la fin du dernier siècle ne put l'interrompre ; un jour cependant, le sanctuaire est silencieux et les religieuses ursulines disparaissent, emportant avec elles la vie contemplative et claustrale, la plus excellente des formes de la vie religieuse que la piété créole, sans doute trop affaiblie, n'a pu encore faire revivre, au milieu de nous, pour l'honneur de Jésus-Christ et la gloire de la religion.

Notre-Seigneur abandonnera-t-il ce sanctuaire où il a été si dignement servi et honoré, où reposent les ossements bénis de tant de saintes victimes holocaustes de son amour ? Par une disposition secrète de sa bonté le sanctuaire reste propriété religieuse, tandis que tout aux alentours tombe entre des mains profanes ; il parle au cœur de son serviteur fidèle, le premier de vos pontifes (2), et aussitôt l'oratoire de l'ancienne communauté a pris rang parmi les édifices du culte public. Bien plus, il devient le centre religieux d'une partie considérable de la population de la ville qui sut dès lors, et a su toujours depuis, répondre noblement aux espérances de ses premiers pasteurs.

(1) Vers 1670.
(2) Mgr Leherpeur.

Qui ne se rappelle l'empressement joyeux, ardent, reconnaissant des fidèles de Saint-Etienne-du-Centre durant la période de formation paroissiale? qui ne sait que cette église a toujours été un foyer de pieuse édification? Là le cœur de Jésus a eu ses premières adorations solennelles; là ont d'abord été célébrées les manifestations contemporaines de la bonté maternelle de la très sainte Vierge.

Ce fut de cette efflorescence de piété, de foi et d'amour que surgit comme spontanément la pensée d'agrandissement et de restauration, pensée hardie, presque audacieuse et cependant aujourd'hui complètement réalisée.

Qui donc a réédifié cette église? *Domum suam ædificavit.* Parmi les fins légitimes et bonnes que l'homme peut se proposer dans ses actes, il n'en est aucune plus élevée et plus auguste que l'honneur de Dieu: *nullus finis humanorum operum est magnus, sicut honor Dei* (saint Thomas); d'où il suit qu'il n'y a pas de dépenses plus honorables, plus dignes de la louange et de l'estime de Dieu et des hommes, que celles qui ont pour objet le culte du Seigneur. La sagesse antique elle-même l'avait reconnu et proclamé: *honorabiles sumptus sunt maxime qui pertinent ad sacrificia divina.* (Texte cité par saint Thomas.)

Tous, pauvres et riches, vous avez été pénétrés instinctivement de cette haute doctrine qui n'a pas été trop élevée pour vos cœurs.

Qui a réédifié cette église?

Ce sont les offrandes généreuses des familles chrétiennes, qui ont voulu attirer sur elles et leur postérité les bénédictions du Seigneur ;

— Ce sont les réponses collectives faites par l'ensemble des fidèles aux nombreux appels qu'une sainte confiance leur a adressés, réponses toujours dociles, larges et empressées.

Quels ont été les nouveaux constructeurs de ce temple ?

C'est le subside voté dès les premiers jours de l'entreprise et pour l'encourager par l'assemblée des représentants du pays, par le conseil général ;

C'est la prudente administration des ressources ordinaires de la paroisse par le conseil de fabrique, par les hommes de bien qui ont successivement donné et donnent encore à l'œuvre le concours de leurs lumières et de leur influence ;

C'est le zèle des âmes sincèrement pieuses, auxiliaires du pasteur, qui ont compris et fait comprendre l'utilité sociale et religieuse d'une belle et splendide église.

C'est enfin la présence d'un ecclésiastique (1) habitué aux entreprises ardues et difficiles, qui a jeté sur l'œuvre son activité industrieuse, son courage infatigable, une ardeur de foi que les obstacles n'ont fait qu'enflammer, en un mot, son âme de prêtre, son cœur de pasteur.

A vous donc, clergé et fidèles revient de droit la parole de la sainte Ecriture : *Domum suam ædificavit et ad perfectum duxit.*

Oui, *ad perfectum duxit :* Vous avez mené l'entreprise à son dernier achèvement. Le voici en effet avec

(1) M. l'abbé Maillard, chanoine honoraire, curé du Centre.

ses autels brillants de l'éclat de l'or, *nihil est in templo quod non auro tegeretur,* avec son parvis de marbre, *stravit pavimentum templi pretiosissimo marmore*, avec ses ornementations qui sans être complètes sont déjà nombreuses, *cum decore multo.*

Déjà il avait ses voix extérieures et retentissantes ; désormais il aura la voix intérieure (1), pleine d'harmonie et de suavité, qui se mêlera tantôt aux chants des fidèles et tantôt aux mélodies artistiques pour les porter plus puissamment au ciel, qui planera sur vous, dans les moments les plus solennels, pour répandre jusqu'au fond de vos âmes les impressions les plus délicieuses ou jeter à tous les échos les joies et les reconnaissances de vos cœurs en sonorités éclatantes, *et ad perfectum duxit.*

Un couronnement, le couronnement spirituel, manquait jusqu'à ce jour à cet édifice achevé ; la main de l'épiscopat vient de le lui donner (2). Une consécration, ce n'est pas une simple cérémonie, c'est la communication réelle à l'édifice de bois et de pierre, d'une vertu supérieure. La parole divine a su, au commencement, insérer dans les créatures matérielles une vertu agissante, en rapport avec leur destination ; la même parole divine, prononcée par le pontife, incruste dans les murailles mêmes du temple, dans ses colonnes, dans ses voûtes, dans l'atmosphère qu'il contient une vertu surnaturelle qui s'échappe en un rayonnement sanctificateur, et pénètre, à leur insu, les âmes qui n'y sont point volontairement réfractaires : *suscepimus, Deus, misericordiam in medio templi tui.*

(1) Avant la messe avait eu lieu la bénédiction de l'orgue.

(2) La consécration de l'église fut faite la veille.

*
* *

C'est Dieu qui est l'auteur de tout don parfait ; sans lui, les projets de construction sont inutiles, et vains sont les labeurs des hommes : *Nisi Dominus ædificaverit domum*. Si donc cette belle entreprise a été couronnée de succès, c'est que du haut du ciel le Tout-Puissant a béni vos pensées et fécondé vos travaux. A Dieu donc, en ce jour, notre gratitude, notre reconnaissance, notre action de grâces.

Ce temple est pour Jésus-Christ, souverain universel des cœurs et des âmes. A Jésus donc la gloire, la magnificence et l'empire ! *Deo salvatori, etc...* Qu'il règne sur tous, sur toutes les familles, dans toute l'étendue de la paroisse ; que son saint nom y soit béni, que ses préceptes y soient observés.

Et puisque ce temple est votre œuvre, utilisez-la, mes Frères, avec intelligence. Venez dans ce temple chaque dimanche, afin de donner publiquement le témoignage de votre foi ; venez-y souvent durant la semaine. Vous n'y viendrez jamais sans vous sentir meilleurs, plus consolés, plus rapprochés du divin.

Mes Frères, les saintes Ecritures, après avoir raconté la dédicace du temple, après avoir dit que Salomon réalisa complètement toutes les pensées de son cœur pour la gloire de Dieu, ajoutent : *et prosperatus est*, il fut dans la prospérité la plus florissante.

L'expérience des siècles a confirmé ce mot de l'Ecriture : Ceux qui ont donné au Seigneur ont toujours reçu le centuple même sur cette terre. Les époques de fermeture et de destruction des temples ont été partout néfastes et ruineuses tandis que les périodes de libre expansion du culte chrétien ont été partout calmes, riches et heureuses.

La Martinique n'est-elle pas elle-même une preuve de cette bénédiction céleste? et l'une des causes de sa prospérité matérielle vraiment étonnante n'est-elle pas son zèle généreux pour le culte du Seigneur?

O terre de la Martinique, fais toujours et partout où il le faut encore surgir de ton sein des monuments dignes de Jésus-Christ; que les commotions qui agitent ta surface ne paralysent pas ta religieuse fécondité et que l'on voie toujours, ici, les pieux et riches embellissements, là les compléments artistiques, ailleurs les commencements heureux de nouvelles et grandioses entreprises, *et prosperatus est.*

Que cette parole se vérifie pour vous, mes très chers Frères, qui avez contribué à l'œuvre du Seigneur. Soyez heureux dans vos entreprises et vos labeurs, dans vos biens et vos santés, dans vos familles et vos enfants. Soyez heureux sur la terre et plus tard dans le ciel, sous le règne parfait et complet de Jésus notre Sauveur. *Deo salvatori...*

Bar-le-Duc — Typ. de l'Œuvre de Saint-Paul — L. Philipona et Cie — 577

25

www.ingramcontent.com/pod-product-compliance
Ingram Content Group UK Ltd.
Pitfield, Milton Keynes, MK11 3LW, UK
UKHW012129240726
13965UKWH00005B/2071

9 782013 049016